Gisela Walter

Mein großes Weihnachtsbastelbuch

Fotos von Bernhard Hagemann
Illustrationen von Thomas Menzel

Inhalt

In der Adventszeit

Die erste Kerze brennt

„Advent, Advent, ein Lichtlein brennt, erst eins, dann zwei, dann drei, dann vier, dann steht das Christkind vor der Tür!“ So verspricht es ein Kindervers. Wenn an jedem Adventssonntag ein weiteres Apfellicht dazugestellt wird, dann leuchten am 4. Advent vier Apfellichterkerzen – und das Christkind wird kommen!

Material:

- großer roter Apfel
- Kerze
- getrocknete Blüten und Gräser
- kleine Zweige und Zapfen
- getrocknete Beeren und Früchte
- Basteldraht

Die erste Kerze brennt

1. Den Apfel mit einem weichen Tuch abreiben, bis er glänzt. Dann mit einem Messer ein Loch für die Kerze einschneiden und die Kerze in den Apfel stecken.

2. Kleine Zweige, getrocknete Blüten, Gräser oder Früchte rund um die Kerze in den Apfel stecken.

3. Kleine Tannenzapfen und andere Früchte oder Beeren, die keinen Stiel haben, werden mit Basteldraht umwickelt und dann mit dem Draht in den Apfel gesteckt.

4. Schön sieht es aus, wenn dicht um die Kerze ein kleiner Kranz aus Moos gelegt wird.

Adventskalender

Da steht der Weihnachtsmann vor vielen Überraschungspäckchen und winkt den Kindern zu. Es sind natürlich genau 24 Päckchen, denn vom 1. Dezember an bis Weihnachten darf jeden Tag eines geöffnet werden. Das gefällt besonders den kleinen Kindern, die Spaß am Aufziehen und Zubinden der großen, bunten Schleifen haben.

Material:
- Pappkarton
- Wasserfarben
- durchsichtige Geschenkpapierfolie
- Filz oder Stoffreste
- Watte, Perle
- kleine Glaskugeln
- 24 Streichholzschachteln
- Klebstoff, Schere

1. Auf den Karton eine weiße Schneelandschaft mit blauem Himmel malen. Ein Stück rosa Tüll als Wolke aufkleben. Die glitzernden „Schneehügel" im Hintergrund sind Streifen einer Geschenkpapierfolie.

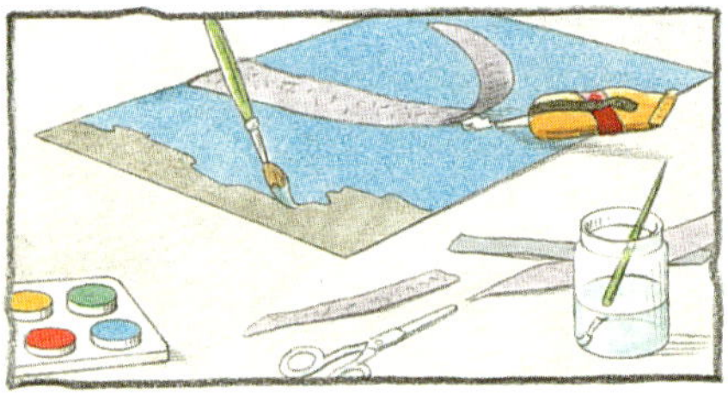

2. Die Nikolausfigur aus Filz oder Stoff ausschneiden und aufkleben.

3. Bart und Haare aus Watte aufkleben, eine Perle an die Kapuzenspitze nähen. Die Drähte der kleinen Glaskugeln miteinander verdrillen und in die Hand des Weihnachtsmannes kleben.

4. Streichholzschachteln bunt bekleben, mit den Ziffern 1 bis 24 versehen.

5. Die Schachteln so aufschneiden, dass die Deckel nach oben aufgeklappt werden können.

6. Geschenkband um die Schachtel legen und auf den Karton kleben.

7. Schachtel mit kleinen Geschenken füllen, den Deckel zuklappen und mit einer großen Schleife zubinden.

Basteln mit Nüssen

Hier watscheln Enten über das Eis, und Hund und Katze spielen miteinander. Das kommt nur in Nusshausen vor! Wenn die ganze Familie mitbastelt, wird sich solch eine lustige Schar bald auch auf dem Adventstisch tummeln. Vielleicht sind dann ein Nussbär und eine Nussmaus dabei?

Material:
- verschiedene Sorten von Nüssen
- Knetmasse
- Plakafarben, Pinsel
- Buntpapier
- Federn
- Schere
- Klebstoff

Basteln mit Nüssen

1. Kopf und Körper sind Nüsse, die durch einen Hals aus Knete miteinander verbunden sind.

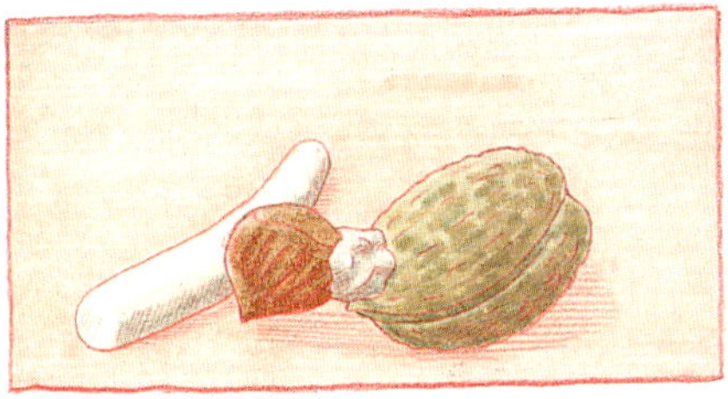

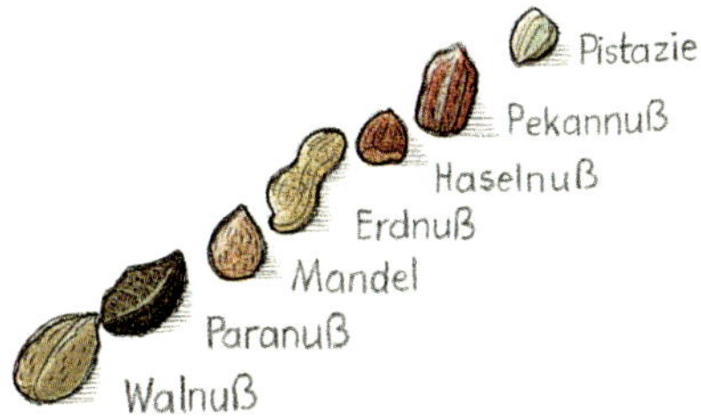

2. Füße aus Knete geben den richtigen Halt.

3. Feder- oder Papierschwanz, Papierohren und Knetschnauze werden festgeklebt.

4. Augen, Schnäbel und Flügel werden mit Plakafarben aufgemalt.

5. Ente: Der Mandel- oder Haselnusskopf sitzt auf dem Paranusskörper. Der Schnabel ist aufgemalt oder aus Knete geformt.

6. Hund: Der Mandelkopf mit Kneteschnauze sitzt auf einem Walnusskörper, Knetepfoten verhindern das Umkippen. Papierohren und -schwanz geben dem Hund das richtige Aussehen.

7. Katze: Mit Haselnusskopf, Walnusskörper, Kneteschnauze und Knetebeinen, Papierohren und Papierschwanz wird daraus auch eine Katze.

Sterntaler-Fensterbild

Das Märchen vom Sterntalerkind passt gut in die Adventszeit, denn es erzählt vom Schenken und Geben. Wenn ein Licht hinter das Fensterbild gestellt wird und das Bild in zarten Farben leuchtet, dann wollen die Kinder auch das Märchen hören. Also: Es war einmal ...

Material:

- Tonpapier
- Pergamentpapier
- Bleistift
- Schere
- Klebstoff

Sterntaler-Fensterbild

1. Den Rahmen aus Tonpapier ausschneiden und mit weißem Pergamentpapier bekleben. Die Teile 1 bis 6, das sind hellgrüne Hügel, dunkelgrüne Wiesen und violette Steine, ausschneiden und am Rahmen ankleben.

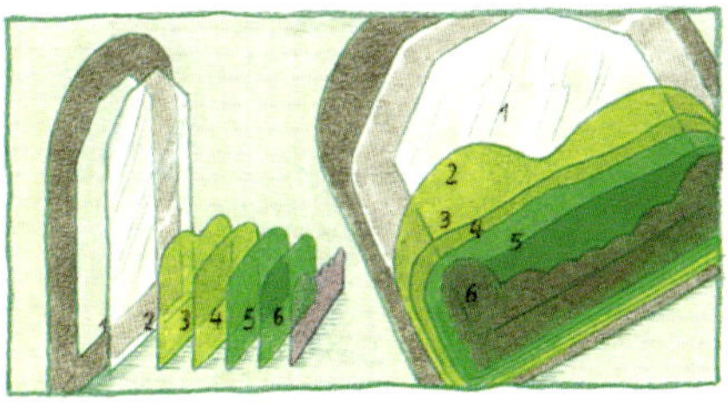

2. Sterntaler: Das weiße Kleid, dann Gesicht, Arme und Beine aus hellgelbem und die Haare aus dunkelgelbem Papier ausschneiden. In dieser Reihenfolge aufeinander legen und auf das Bild legen. Noch nicht aufkleben!

3. Mit Bleistift den Umriss der Figur auf den Untergrund übertragen und aus den Teilen der Landschaft herausschneiden. Dabei das unterste weiße Pergamentpapier nicht ausschneiden. Dann die Sterntalerfigur aufkleben.

4. Tannenbäume: Jeweils vier Lagen dunkel- oder hellgrünes Pergamentpapier aufeinander legen und einen Tannenbaum ausschneiden. Die Bäume leicht versetzt aufkleben.

5. Himmel: Blaues Papier über das Bild legen, mit Bleistift die oberen Umrisse des Bildes nachfahren. An dieser Linie den Himmel ausschneiden, Sterne und Mond einschneiden. Den Himmel nach oben versetzt aufkleben.

6. Auf das fertige Bild eine durchsichtige Folie legen, ausschneiden und am Rahmen festkleben. Den vorderen Rahmen und die seitlichen Stützen aus goldenem Tonpapier ausschneiden und ankleben.

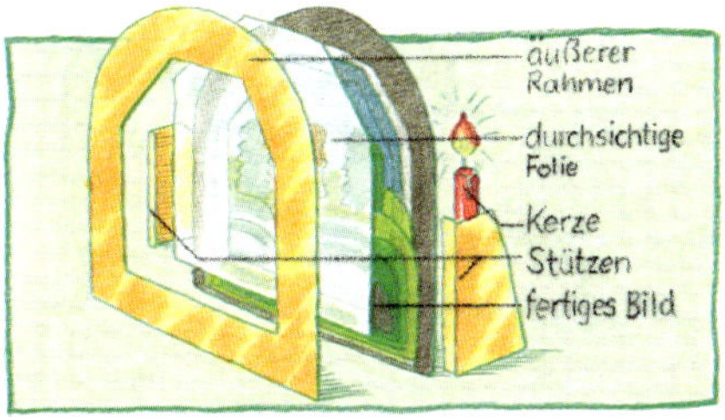

Setzkasten-Kalender

Kurz vor Advent verschwindet der Setzkasten – und hängt am 1. Dezember verpackt, bunt geschmückt und mit neuem Inhalt wieder an seinem Platz – als Adventskalender! Jeden Tag schneidet Maja mit der Schere ein Fenster auf. Und wenn sie ganz brav war, darf sie noch ein Fenster, eines mit Sternchen, öffnen.

Material:

- Setzkasten
- kleine Geschenke und Süßigkeiten
- Buntpapier
- Klebeband
- Lackmalstift
- Sterne (Aufkleber)
- Kordel oder Geschenkband

Setzkasten-Kalender

1. Die Fächer mit kleinen Dingen wie Nüsse, Sterne, Lebkuchen usw. füllen.

2. Den Setzkasten mit Buntpapier beziehen, das auf der Rückwand einfach mit Klebeband befestigt wird.

3. Die Zwischenräume abtasten, mit Lackmalstift leicht nachfahren und die entstandenen Fenster nummerieren. Sind es mehr als 24, werden die restlichen mit Sternen beklebt.

4. Man kann den Kalender noch mit Sternen, kleinen Figuren oder Bildern bekleben.

5. Zum Schluss wird der Setzkasten an einer Kordel oder einem stabilen Geschenkband aufgehängt. Das Band kann man einfach um den Rahmen wickeln und zusammenknoten.

Zuckerbäckerhaus

Zur Adventszeit gehört ein Lebkuchenhaus mit dem herrlichen Geruch von Lebkuchen und Zuckerwerk. Darauf warten die Kinder und freuen sich, wenn sie wie Hänsel und Gretel von den Süßigkeiten naschen dürfen. Wer keine Zeit für die Lebkuchenbäckerei hat, der kann so ein Zuckerbäckerhaus nachbauen.

Material:

- Pappschachtel
- Oblaten
- Lebkuchen
- viele Süßigkeiten
- 300 g Puderzucker
- 3 Eiweiß
- rote Blattgelatine
- Schere
- Klebstoff

Zuckerbäckerhaus

1. Eine stabile Pappschachtel so zurechtschneiden, dass ein Haus mit Zeltdach entsteht. Die Vorder- und Rückwände bleiben offen. Das Pappdach wird zuerst mit Oblaten beklebt.

2. Dickflüssigen Zuckerbrei zubereiten: Eiweiß steif schlagen, nach und nach Zucker dazugeben.

3. Die Oblaten des Daches mit Zuckerbrei bestreichen und große Lebkuchen aufdrücken.

4. Die Dachziegel bestehen aus vielen Süßigkeiten. Bevor sie auf das Dach gesetzt werden, ordnet man sie probeweise auf dem Tisch an.

5. Den Zuckerbrei mit einem breiten Messer oder Küchenpinsel auf die Dach-Lebkuchen auftragen.

6. Die Süßigkeiten auf den Brei drücken; unten beginnen, die Reihen dicht aneinander legen.

7. Rote Gelatineblätter mit durchsichtigem Klebeband aneinander kleben, ein Dreieck zuschneiden und von der Rückseite her einklemmen.

8. Mit einem Teelicht von innen beleuchten. Das Haus bekommt einen Lebkuchenzaun. Im Garten können Zuckerbäume stehen: das sind Lutscher, die in einen Lebkuchen gesteckt werden.

Adventsuhr

„Wann ist Weihnachten?“ So fragen die Kinder immer wieder und können es kaum erwarten, bis das Christkind kommt. Bei dieser Adventsuhr sehen sie es ganz genau. Wie ein Zeiger wird der Komet täglich von einem Bild zum nächsten gedreht. Wenn er oben angekommen ist, dann ist endlich Weihnachten!

Material:

- Fotokarton
- Wachsmalkreiden
- Musterbeutel-klammer
- Schere
- Klebstoff

Adventsuhr

1. Auf Fotokarton mit Schnur und Bleistift einen Kreis von etwa 40 cm Durchmesser zeichnen, ausschneiden und bemalen.

2. Die Scheibe in 24 Abschnitte aufteilen und in jeden Abschnitt ein Weihnachtsbild malen.

3. Als Zeiger einen Kometen auf Fotokarton malen, ausschneiden und mit einer Musterbeutelklammer in der Mitte der Adventsuhr festklemmen.

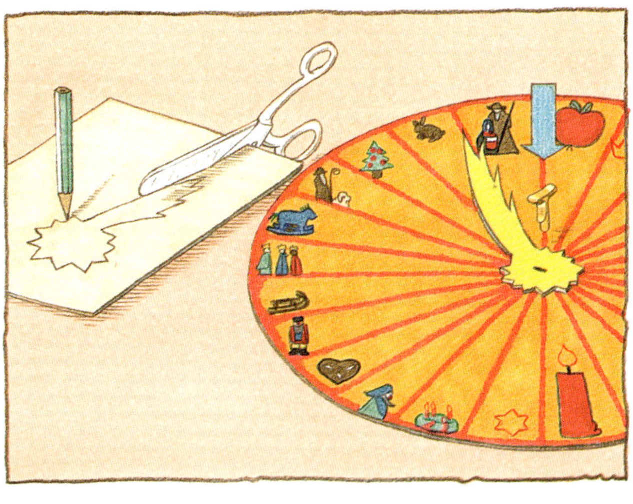

Klingender Adventskranz

Was klingt da so hell und zart aus dem Weihnachtszimmer? Die Kinder stehen still und lauschen.
Der Adventskranz mit seinem besonderen Klangspiel bringt diese Töne hervor. Bei jedem leichten Luftzug bewegen sich die Walnussklöppel, schlagen die Messingröhren an und lassen sie klingen.

Material:

- Messingstäbe
- Metallbohrer
- 2 mm starke Drähte
- Schnur
- Geschenkband
- Walnüsse
- Kerzen
- Kerzenständer
- Schere

Klingender Adventskranz

1. Die Klangstäbe sind Messingröhren, die man in Baugeschäften kaufen kann. Am besten lässt man sie gleich auf die gewünschten Längen zuschneiden.

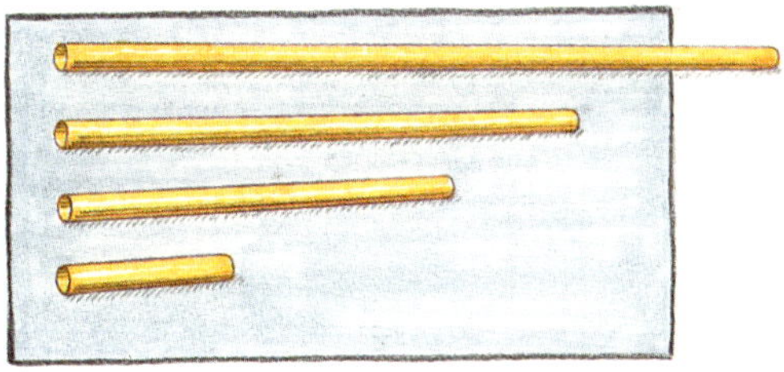

2. Jeweils zwei Löcher in die Röhren bohren und eine Schnur durchfädeln.

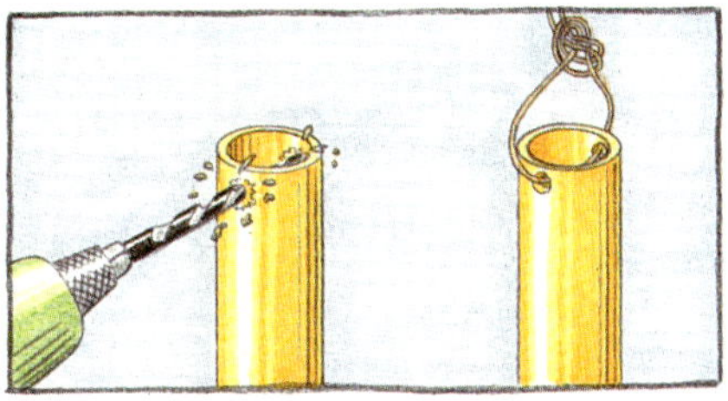

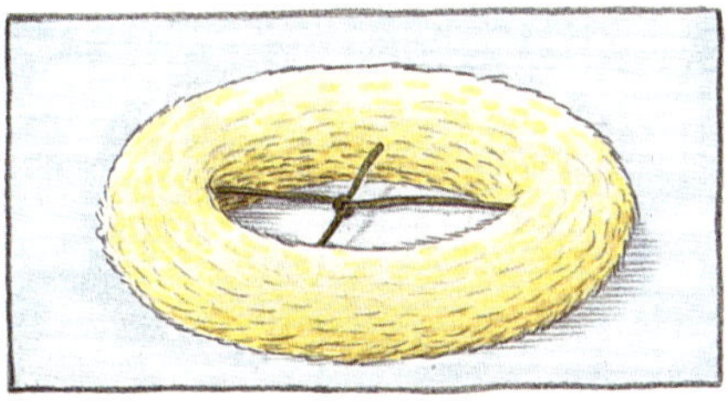

3. Adventskranz innen mit einem Kreuz aus zwei dicken Drähten stabilisieren. Dazu die Drähte einfach in den Kranz schieben.

4. Die vier Röhren in gleichem Abstand voneinander am Drahtkreuz aufhängen.

5. Die Walnüsse an Geschenkbändern aufhängen und am Adventskranz so festbinden, dass sie die Klangstäbe beinahe berühren.

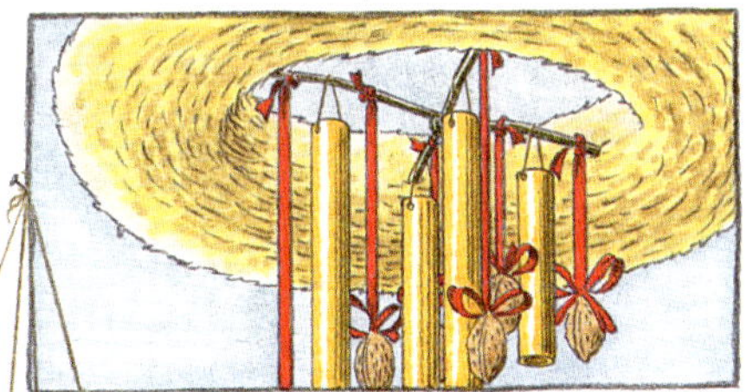

6. Den Adventskranz mit Bändern und Kerzen schmücken und so aufhängen, dass die Klangstäbe frei schwingen können.

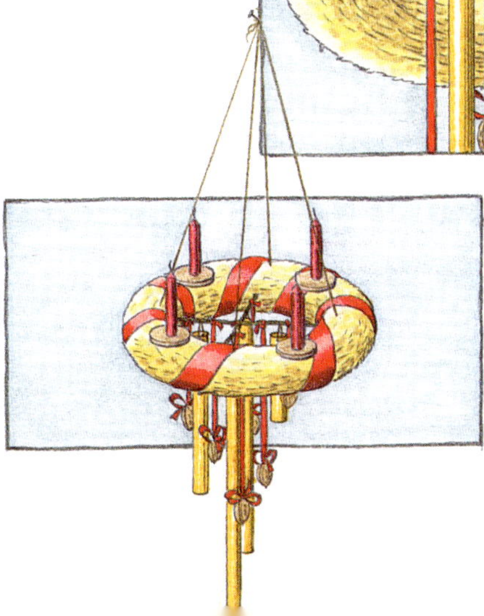

Potpourri und Pomander

Zur Adventszeit gehören auch die besonderen „Weihnachtsdüfte". Wer schnuppert nicht gern, wenn es im Zimmer nach Tannengrün und Honigkerzen oder nach Zimt und Gewürznelken duftet! Es ist eine alte Tradition, zur Adventszeit Potpourris aufzustellen oder Pomander aufzuhängen. Dann riecht es nach Weihnachten!

Material:

- Orange oder Mandarine
- Schale oder anderes Gefäß
- Gewürznelken
- Geschenkband
- Potpourri-Mischung aus getrockneten Blüten, Blättern, Gewürzen, Kräutern

Potpourri und Pomander

1. Ein Pomander ist eine mit Potpourri gefüllte Porzellankugel mit vielen Löchern. Aber es muss nicht gleich eine Porzellankugel sein, die im Weihnachtszimmer ihren Duft verbreitet, genauso gut riecht eine mit Gewürznelken bespickte Zitrusfrucht. Um die Mandarine oder Orange ein Band zum Aufhängen knüpfen.
Die Gewürznelken auf einen Teller schütten, sodass man die schönsten auswählen kann.

2. Die Gewürznelken dicht nebeneinander in die Schale drücken; auf diese Weise Reihen oder Muster stecken. Darauf achten, dass die Nelken dicht, aber nicht zu eng stehen, damit die Schale nicht platzt.

3. Ein Potourri ist eine Mischung aus getrockneten Blüten und Blättern, Kräutern und Gewürzen. Früher wurden die Rezepte geheim gehalten. Hier ein Rezept für einen besonderen Weihnachtsduft: ganze Gewürznelken, zerbröckelte Zimtstangen, getrocknete Blüten von Rosen, Veilchen, Kamillen, Lavendel, Mohn und Hibiskus, Eukalyptusblätter und in kleine Stücke geschnittene Orangenschalen.

4. Zur Weihnachtszeit gibt es herrlich duftende Früchtetees, die auch als Potpourri-Mischung verwendet werden können.

Adventskranz mit Naturschmuck

Die Natur schenkt uns den schönsten Schmuck. Deshalb sammeln Lisa und Heike im Herbst Blüten, Blätter und Früchte und trocknen sie. Doch Felix wartet auf den Winter. Er meint, dass die Staudenbüsche und Gräser dann noch interessanter aussehen. Gemeinsam schmücken die Kinder den Adventskranz mit ihren Naturschätzen.

Material:
- Tannenzweige
- Gartenschere
- Blumendraht
- Kerzen und Kerzenhalter
- getrocknete Blüten, Blätter, Gräser, Früchte und Staudenzweige aus dem Garten oder Wald und Flur

Adventskranz mit Naturschmuck

1. Die großen Tannenzweige gleichmäßig auf etwa 15 cm lange kleine Zweige zurechtschneiden.

2. Mehrere Zweige mit Blumendraht zu einem Büschel zusammenbinden.

3. Nach und nach die anderen Zweige dicht hintereinander dazulegen und unten am Stiel fortlaufend fest umwickeln.

4. Die Girlande zum Kreis schließen und mit dem Draht zusammenhalten.

5. Schmuck: Trockenblumen, Gräser und Früchte mit den Stielen zwischen die Zweige schieben.

6. Ist ein Stiel zu kurz, diesen mit Blumendraht umwickeln und den Draht in den Kranz schieben.

7. Zum Schluss vier Kerzenhalter mit Kerzen in den Kranz stecken.

Adventspyramide

Rote Kerzen, rotbackige Äpfel und selbst gebastelte Strohsterne durften früher beim Weihnachtsschmuck nicht fehlen. Zu dieser Tradition gehört auch die Adventspyramide. Sie wurde anstatt eines Adventskranzes aufgestellt. Wäre das nicht eine schöne Idee für dieses Jahr?

Material:

- 9 schöne, rote Äpfel
- Bambusstäbe
- Feinsäge
- Küchenmesser
- 5 Kerzen
- Strohsterne

Adventspyramide

1. Die Bambusstäbe wie folgt zurechtsägen: 16 Stäbe von 15 cm Länge. Zusätzlich 2 Stäbe von 21 cm Länge, diese werden als Querstäbe verwendet.

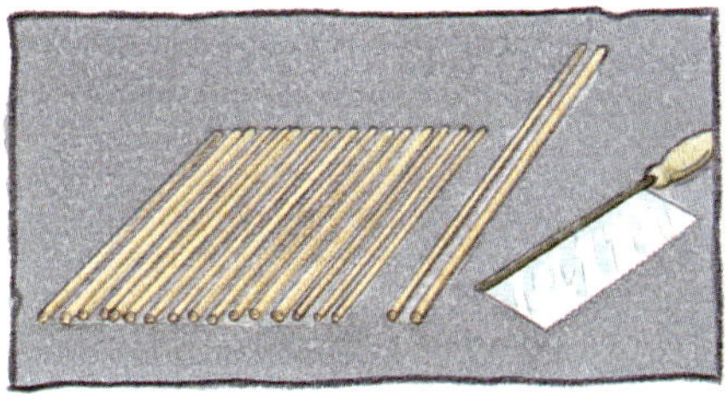

2. Den Boden der Pyramide aus vier Äpfeln, vier Stäben und den beiden Querstäben zusammenstecken. Wenn man die Äpfel vorher mit dem Obstmesser anbohrt, geht es leichter.

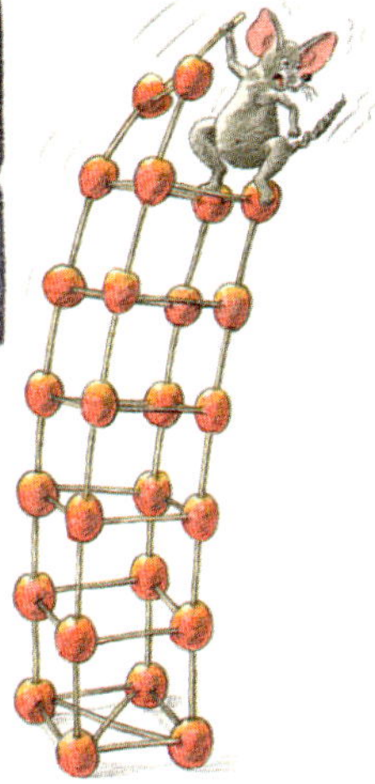

3. Die zweite Ebene der Apfel-Pyramide aus weiteren vier Äpfeln und vier Stäben zusammenstecken.

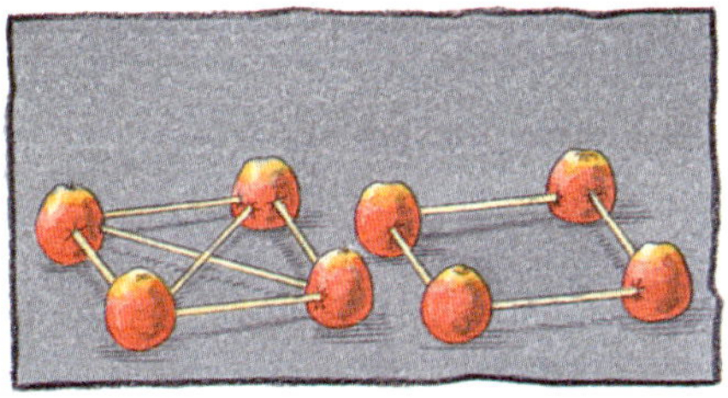

4. Die beiden Ebenen mit Senkrechtstäben miteinander verbinden.

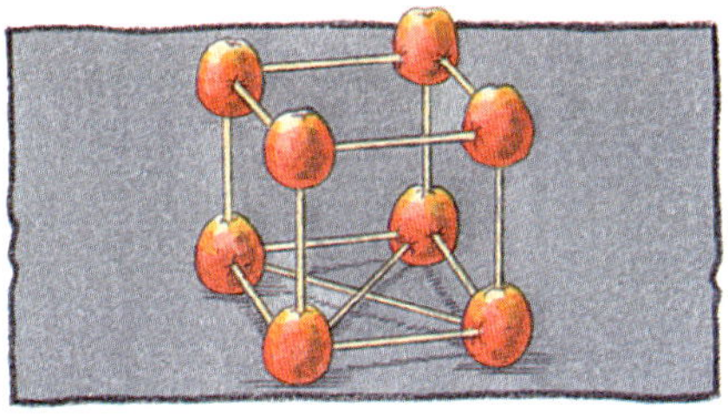

5. Die Spitze der Pyramide aus einem Apfel und den letzten vier Stäben aufsetzen.

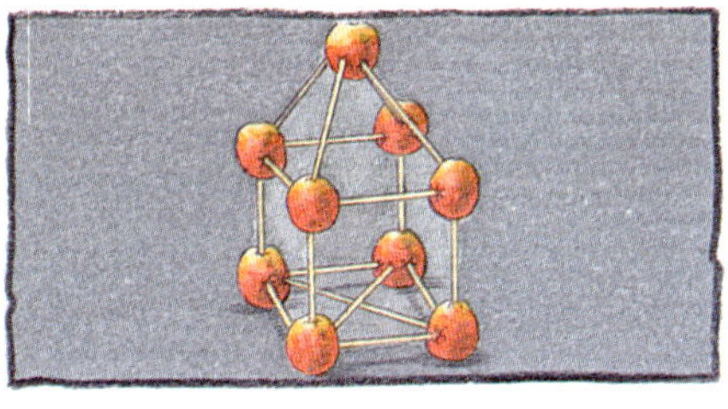

6. In die oberen Äpfel die Kerzen stecken, dabei zuerst die Stecklöcher mit einem Messer vorsichtig herausheben. Zum Schluss mit Strohsternen schmücken. Wie Strohsterne gebastelt werden, steht auf Seite 76.

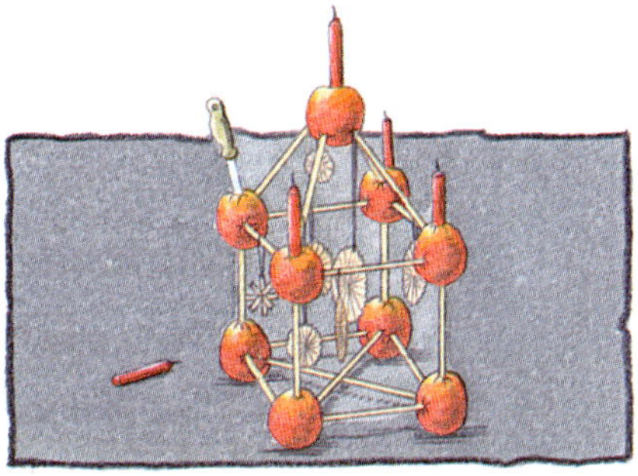

Wenn der Nikolaus kommt

Der Nikolaus ist da

Der Nikolaus kommt! Er stapft durch den Winterwald und schleppt seinen großen Sack, gefüllt mit Geschenken, hinter sich her. Bald wird er vor der Tür stehen und die braven Kinder beschenken. Aber erst am 6. Dezember! Und danach? Er wird sich bis zum nächsten Jahr verstecken. Wo? Das bleibt ein Geheimnis!

Material:

- Zeitungspapier (für Pappmaché)
- Schreibpapier
- Küchenkrepp
- Kleister, Pinsel
- leere Flasche
- Grundierfarbe
- Wasserfarben
- Watte, Jutetasche
- Klebstoff
- Schere

Der Nikolaus ist da

1. Zeitungspapier zu Pappmaché verarbeiten. Rund um die Flasche dick Pappmaché auftragen; zuerst nur die grobe Form der Nikolausfigur herausarbeiten.

2. Mithilfe von großen und kleinen Papierknäueln den Kopf, die Arme und den Bauch der Figur formen und mit Pappmaché überkleben.

3. Die letzte Schicht besteht aus Schreibpapier, in Stücke gerissen, eingekleistert und aufgeklebt.

4. Für Haare, Augenbrauen, Bart, Ärmelbesatz und Gürtel Küchenkrepptücher einzeln in Kleister tauchen, an den entsprechenden Stellen aufkleben und in die richtige Form drücken.

5. Die Figur vier Tage oder länger stehen lassen, bis sie ganz durchgetrocknet ist.

6. Den Nikolaus mit Wasserfarben anmalen, als Mantelsaum Watte aufkleben.

7. Einen Beutel aus Jutestoff mit Geschenkpäckchen füllen und dem Nikolaus in die Hand geben.

Nikolausstiefel

Der Nikolaus war da! Und weil Tom vergessen hat, seine Schuhe vor die Tür zu stellen, hat der Nikolaus selbst einen Stiefel mitgebracht. Was für ein Glück! Im nächsten Jahr will Tom diesen roten Stiefel noch einmal vor die Tür stellen. Ob er dann wieder so randvoll gefüllt sein wird? Das kommt auf Toms Streiche an!

Material:

- rotes Tonpapier
- Goldband
- Schere
- Locher
- Klebstoff
- kleine Geschenke

Nikolausstiefel

1. Aus Tonpapier alle Teile des Stiefels ausschneiden:
die Sohle mit den Seitenteilen, die Stiefelspitze mit der Zunge und den Stiefelschaft.

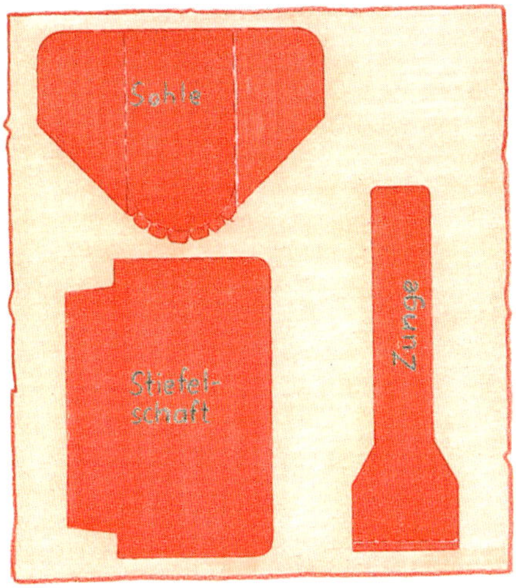

2. Mit einem Locher die Löcher für die Schnürsenkel im Stiefelschaft und in den Seitenteilen ausstanzen.

3. Alle drei Teile zusammenkleben. Den Stiefelschaft nach vorn biegen und die Seitenteile des Schuhes nach oben knicken. Die Stiefelspitze mit der Zunge zurücklegen und die Seitenteile über die Zunge legen. Als Schnürsenkel ein goldenes Geschenkband einfädeln.

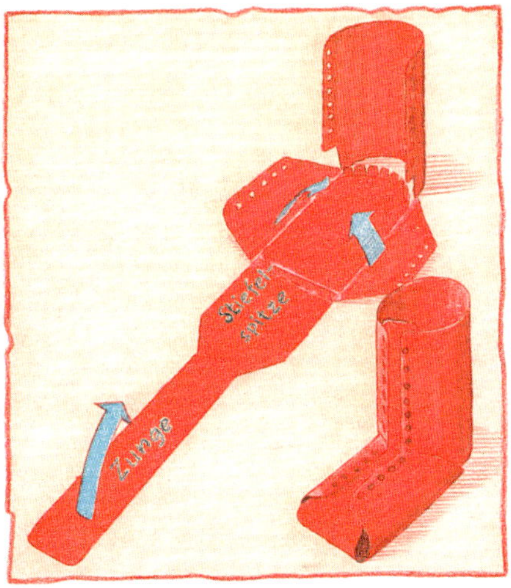

4. Das Band zur Schleife binden und dabei darauf achten, dass die Zunge innerhalb des Stiefels bleibt. Zum Schluss den Schuh mit kleinen Geschenken füllen.

Großer und kleiner Weihnachtsmann

Heute kommen alle beide, der große und der kleine Weihnachtsmann. Sie warten schon an der Haustür, dass man sie hereinlässt. Was sie wohl mitgebracht haben? Ihre Geschenke sind unter ihren Mänteln versteckt. Mehr wird nicht verraten!

Material:

- Filz
- Perle
- Watte
- Faden
- Klebstoff
- Schere

Großer und kleiner Weihnachtsmann

1. Großer Weihnachtsmann:
Filzteile zuschneiden und aneinander kleben: roter Filz für den Mantel und die Mütze, hellbrauner Filz für das Gesicht.

2. Zu einem Schlauch zusammenkleben, die Nikolausmütze mit einem Faden abbinden.

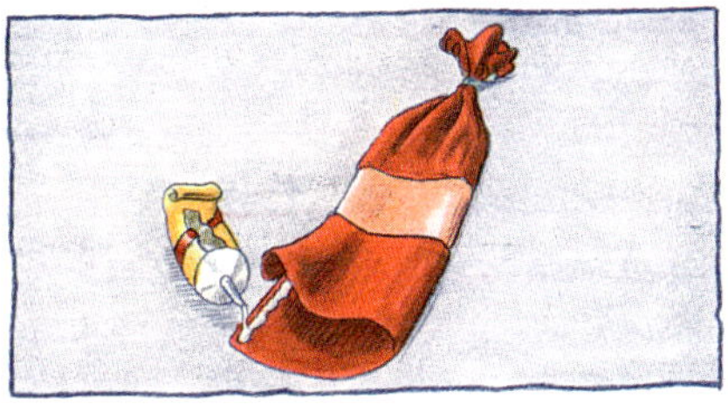

3. Perlennase annähen, Filzaugen, Watteaugenbrauen und Wattebart ankleben.

4. Unter den großen Mantel passt am besten eine Flasche.

5. Kleiner Weihnachtsmann:
Dieser Weihnachtsmann ist so klein wie eine Fingerpuppe. Filzteile für Mantel und Gesicht werden zugeschnitten und dann zu einem Schlauch zusammengeklebt.

6. Aus rotem Filz wird ein Halbkreis ausgeschnitten, zu einer spitzen Mütze zusammengerollt und festgeklebt.

7. Eine kleine Perlennase annähen, die Augen aufmalen, aus Watte einen Bart und Augenbrauen aufkleben. Fertig! Natürlich passen unter diesen Mantel nur winzig kleine Geschenke.

Weihnachtsfrau

Natürlich hat der Weihnachtsmann auch eine Weihnachtsfrau. Hier ist sie mit ihrem Weihnachtsmädchen unterwegs, um Geschenke zu verteilen. Sie denkt sehr praktisch und hat für jedes Kind einen extra Beutel gefüllt. Jetzt muss sie nur noch die Namen der Kinder darauf schreiben.

Material:
- Pfeifenputzer
- weiße Wattekugeln
- kleine rosa Wattekugeln
- Engelshaar
- Filz in verschiedenen Farben
- Faden, Nadel
- Schere
- Klebstoff

Weihnachtsfrau

1. Aus zwei Pfeifenputzern Beine und Körper biegen, verdrillen und in den Wattekugelkopf stecken.

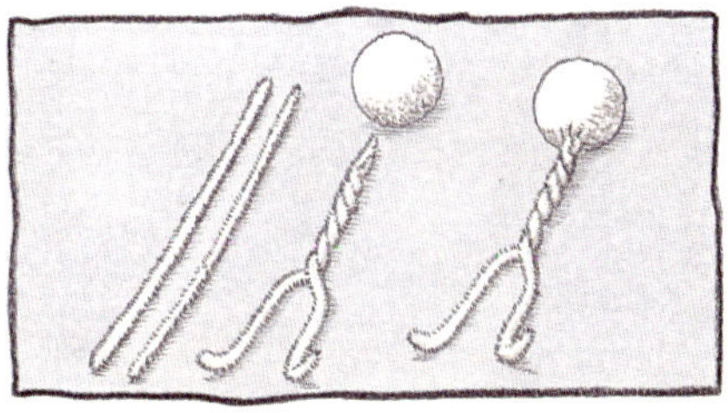

2. Als Arme einen Pfeifenputzer um den Körper wickeln und an beiden Enden Wattekugelhände festkleben.

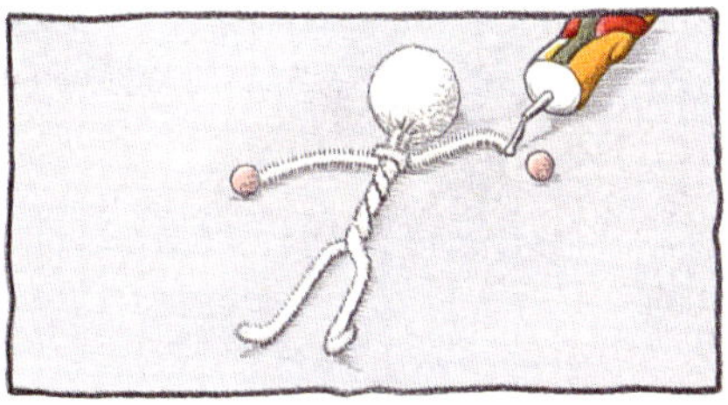

3. Aus Filz ein Kleid zuschneiden. Die Nähte übereinander kleben und den Ärmelbund mit einem Faden umwickeln.

4. Mit Filzstift ein Gesicht aufmalen. Engelshaarlocken ankleben, die Filzmütze zusammenkleben und den Zipfel der Mütze mit einem Faden zusammenbinden.

5. Die Filzschuhe wie kleine Säckchen nähen und über die Pfeifenputzerfüße ziehen.
Aus Filz die Geschenkbeutel nähen und mit einem Faden zuschnüren.

6. Das Weihnachtsmädchen wird wie die Weihnachtsfrau aus Pfeifenputzern, Filz, Wattekugeln und Engelshaar gebastelt. Den Filzumhang mit einem Faden zubinden und die runde Filzkappe aufkleben.

Knuspersäckchen

Diese kleinen Knuspersäckchen haben es in sich! Wer daran knabbert, wird es gleich merken – in jedem ist eine ganze Nuss versteckt. Wenn diese Knuspersäckchen in rotes Pergamentpapier eingewickelt und mit einem goldenen Ringelband zugebunden werden, dann sehen sie wie Nikolaussäckchen aus.

Material:

- 300 g Mehl, 100 g Puderzucker, 1 Päckchen Vanillinzucker, 100 g geriebene Haselnüsse, 250 g Margarine, 20 g Kakaopulver, jeweils 1 Teelöffel Zimt und Kardamom
- rotes Pergamentpapier, Ringelband

Knuspersäckchen

1. Alle Zutaten in eine Schüssel geben und gut durchkneten.

2. Den Teig eine Stunde kühl stellen. Dann in dicke Rollen formen, einzelne Scheiben abschneiden und eine Haselnuss in die Mitte legen.

3. Den Teig rund um die Haselnuss hochziehen und zu einem Säckchen formen.

4. Im vorgeheizten Backofen bei 160 ° etwa 20 bis 25 Minuten backen, je nach Größe der Knuspersäckchen.

5. So werden die Nikolaussäckchen verpackt:
rotes Pergamentpapier 20 x 20 cm zuschneiden, Nussgebäck in die Mitte setzen.

6. Ecken des Papiers hochziehen und mit einem goldenen Ringelband wie ein Säckchen zubinden.

Erdnusswichtel

Sie schaukeln an Zweigen, baumeln an Fenstern, turnen an Adventskränzen, purzeln über den festlich gedeckten Tisch oder sitzen mitten auf dem Weihnachtsteller zwischen Nüssen und Lebkuchen. Meistens treten sie in einer großen Schar auf. Wer sind sie? Das sind die kleinen Weihnachtswichtel!

Material:

- Erdnüsse in der Schale
- rote Plakafarbe
- Pinsel
- Filzstift
- Watte
- Nadel und Faden
- Klebstoff

Erdnusswichtel

1. Die Wichtel bekommen aus roter Plakafarbe eine Mütze und einen Mantel. Das Gesicht bleibt frei. Dann Augen und Nase mit Filzstift aufmalen. Achtung: Vor dem Anmalen zuerst die Form der Erdnuss genau anschauen, denn das schmal zulaufende, leicht gebogene Ende wird die Zipfelmütze!

2. Ein kleines Stück Watte zurechtzupfen, in der Mitte verdrillen und dem Wichtel als großen Backenbart unter die Nase kleben.

3. Mit der Nadel einen Faden durch die Mütze ziehen und zu einer Schlaufe knüpfen.

Nikolaustasche

Ein Schneemann sitzt vor der Tür. Der Nikolaus hat ihn dort abgestellt, damit er auf die Nikolauspäckchen aufpasst. Und wer sich nach Weihnachten von dem Schneemann nicht trennen will, der kann ihn mitsamt der Tasche als lustiges Bild an die Wand hängen.

Material:

- Jutestoff oder Jutetasche
- Watte oder Füllwatte
- schwarzer und gelber Filz
- Zweige oder braune Wolle
- Klebstoff

Nikolaustasche

1. Einen Einkaufsbeutel aus Jute nehmen oder eine Tasche aus Jutestoff nähen. Watte oder Füllwatte auseinander zupfen und einen Schneeemann und dicke Schneeflocken auf den Stoff drücken. Wenn die Watte nicht hält, einfach aufkleben.

2. Den Hut, die Augen und die Knöpfe aus schwarzem Filz ausschneiden und aufkleben.

3. Als Mund einen kleinen Zweig aufkleben, ebenso den dünnen Stab. Wer keine passenden Zweige findet, der kann stattdessen auch dicke braune Wolle nehmen. Zum Schluss bekommt der Schneemann eine große, gelbe Rübennase aus Filz aufgeklebt.

Apfelmännchen

Es heißt, dass zur Weihnachtszeit die Zwerge und Wichtel aus ihren Wohnungen unter der Erde hervorkommen und besonders liebe Menschen mit einem Besuch und wunderbaren Geschenken belohnen. Hier stehen zwei, als Apfelmännchen verkleidet, und warten darauf, dass man sie einlässt.

Material:

- große rote Äpfel
- Walnüsse
- Zahnstocher
- Watte
- Buntstifte
- Krepppapier
- Faden
- Goldband
- kleine Glaskugeln
- Sternenband
- Basteldraht

Apfelmännchen

1. Den Apfel mit einem weichen Tuch polieren, bis er schön glänzt. Mit der Scherenspitze oder einem Messer ein kleines Loch in die Walnuss bohren.

2. Die Walnuss mit einem Zahnstocher als Kopf auf den Apfel stecken. Wattebart und buschige Watteaugenbrauen aufkleben. Mit Buntstiften Augen, Nase und Mund aufmalen.

3. Aus einem Krepppapierstreifen eine Mütze wickeln und oben mit einem Faden abbinden. Dem Apfelmännchen die Mütze aufkleben.

4. Einen Krepppapiermantel ausschneiden, um den Apfel legen, zusammenraffen und unterhalb des Kragens festbinden. Kleine Glaskugeln oder ein um Draht gewundenes Sternenband im Mantel feststecken.

Bald ist Weihnachten

Zwetschgenmann und Zwetschgenfrau

Der Zwetschgenmann und seine Zwetschgenfrau machen sich auf den Weg zum Christkindlmarkt. Da gehören sie nämlich hin. Das wissen auch die Kinder und warten auf die beiden. Solche Männchen aus gedörrten Zwetschgen gab es schon vor 100 Jahren. Und – wie kann es anders sein – sie sahen damals genauso aus wie heute.

Material:

- gedörrte Zwetschgen
- getrocknete Feigen
- Walnuss
- 1 mm starker Blumendraht
- Drahtzange
- Kork, Holzscheibe
- Papier, Filz- oder Stoffreste
- Schere
- Klebstoff

Zwetschgenmann und Zwetschgenfrau

1. Auf zwei etwa 30 cm lange Drahtstücke jeweils zwei Zwetschgen als Beine aufreihen. Den Draht abknicken, damit die Zwetschgen nicht herunterrutschen.

2. Vier oder fünf Feigen über die Drähte schieben, das ist der Bauch.

3. Jetzt die beiden Drähte als Arme nach außen biegen und jeweils zwei Zwetschgen durchstecken. Aus Papier Hände ausschneiden und ankleben.

4. In eine Walnuss ein kleines Loch stechen. Die Nuss auf einen etwa 12 cm langen Draht stecken, den Draht durch den Feigenbauch schieben und unten umbiegen. So werden gleichzeitig die Feigen festgehalten.

5. Vorsicht bei dieser Arbeit: Einen Weinkorken mit einem Messer der Länge nach halbieren, das sind die Schuhe. Die Fußdrähte in die Korken stecken, und die Korkschuhe auf eine Holzscheibe kleben.

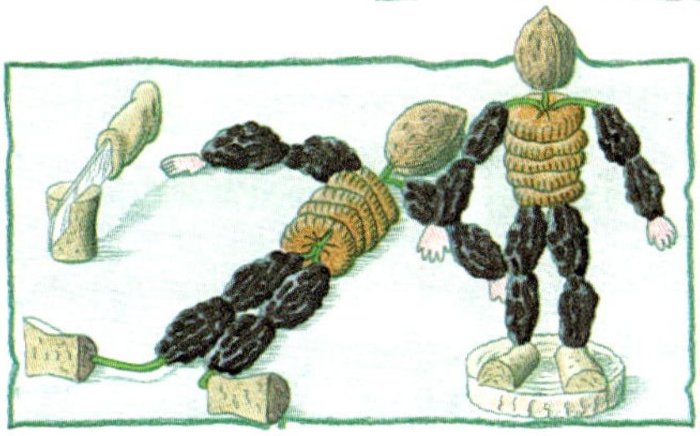

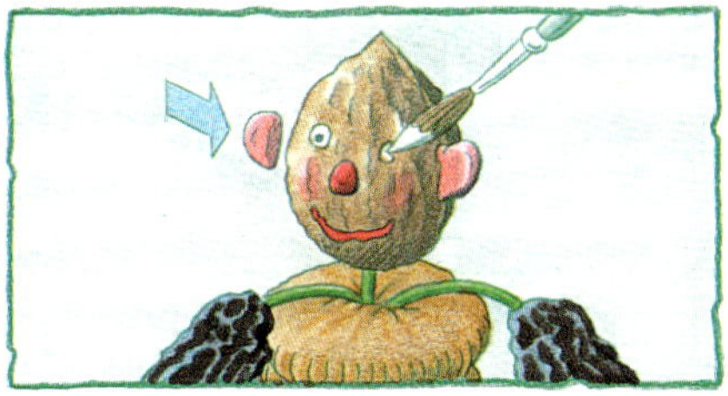

6. Ein Gesicht auf die Walnuss malen oder Augen, Nase, Mund und Ohren aus Knete formen und aufdrücken.

7. Aus Papier, Filz oder Stoffresten die Kleider zuschneiden und nähen oder kleben.

Wünsche an das Christkind

„Was wünscht du dir zu Weihnachten?“ So werden nicht nur die Kinder gefragt. Hier kann die ganze Familie ihre Wünsche auf einzelne Zettel schreiben, den Namen nicht vergessen, und alle Wunschzettel in den Beutel stecken. Wer jetzt nach Wünschen fragt, der braucht nur in den Wunschbeutel zu greifen und einen Zettel herausholen.

Material:

- Jute oder Stoff
- Nadel, Faden
- verschiedenfarbiger Filz
- Klebstoff
- Schnur
- Pappkarton
- Schere

Wünsche an das Christkind

1. Aus Jutestoff einen kleinen Sack nähen.

2. Aus verschiedenfarbigem Filz Nikolaus, Schneemann, Sterne und Wolke ausschneiden, dann aufkleben oder aufnähen.

3. Nikolaus bekommt einen Wattebart, der Schneemann aus Filz eine Nase, Augen und Knöpfe.

4. Wunschsack mit einer Schur zubinden. Eine Karte anhängen, auf der steht, was die ganze Familie und alle Freunde mit diesem Wunschbeutel machen können.

Weihnachtsbriefpapier

Schneemann und Nikolaus wandern hier über Briefpapier und Umschlag. In der einen Ecke fallen Schneeflocken, in der anderen leuchtet ein Adventslicht.
Je nach Stimmung und Laune werden diese Stempelbilder gedruckt. Wer wird wohl den schönen Nachthimmel-Brief mit den gelben Sternen bekommen?

Material:

- flache Radiergummis
- Schere oder Skalpell (Bastelmesser)
- feine Pinsel
- Wasserfarbe, Plakafarbe oder Dispersionsfarbe
- Briefpapier oder Tonpapier
- Briefumschläge

Weihnachtsbriefpapier

1. Zuerst die Formen auf Radiergummis zeichnen, dann mit Schere oder Skalpell vorsichtig ausschneiden. Ein Motiv kann auch aus mehreren Stempeln zusammengesetzt werden; der Schneemann besteht zum Beispiel aus einzelnen Schneekugeln und einem Zylinderhut; oder für die Kerze wird das Kerzenlicht gesondert ausgeschnitten.

2. Farbe wird mit dem Pinsel auf den Stempel aufgetragen. Dabei können gleichzeitig verschiedene Farben aufgemalt werden; zum Beispiel bekommt der Nikolaus einen roten Mantel, jedoch werden Gesicht, Sack und Stiefel braun. Entsprechend fällt das Stempelbild aus. Wer will, der kann das gestempelte Bild mit dünnen Pinselstrichen ergänzen, zum Beispiel bei der Kerze einen Docht oder beim Schneemann die gelbe Rübennase dazumalen.

3. Auf Briefpapier und Briefumschlag die gleichen Motive stempeln. Besonders schön sieht es aus, wenn als Briefpapier farbiges Tonpapier verwendet wird.

Großer Weihnachtsstern

Wenn der große goldene Weihnachtsstern am Fenster aufgehängt wird, dann wissen die Kinder: Bald ist Weihnachten! Bei jedem Luftzug bewegt sich der Stern sanft hin und her und schimmert und glänzt. Doch am schönsten erstrahlt sein Sternengold abends im sanften Kerzenlicht.

Material:

- Goldfolie, etwa 40 cm breit und 250 cm lang
- Faden und Nadel
- Schere
- Klebstoff
- Goldfaden zum Aufhängen

Großer Weihnachtsstern

1. Eine 2,5 m lange Goldfolie im Zickzackmuster falten. Die einzelnen Faltstreifen sollten etwa 3 cm breit sein.

2. Wenn die Goldfolie nicht lang genug ist, einfach ein weiteres Stück ankleben. Das ist dann beim gefalteten Stern nicht mehr zu sehen.

3. Mehrere Zacken auf einer Seite einschneiden. Achtung: Nicht alle Faltstreifen auf einmal einschneiden, sondern immer nur zwei oder drei nehmen.

4. Den Stern mit Nadel und Faden an einem Ende auffädeln.

5. Die Streifen auffächern, zum Stern schließen und den Faden verknoten. Den ersten und letzten Faltstreifen zusammenkleben.

6. An einem Goldfaden aufhängen.

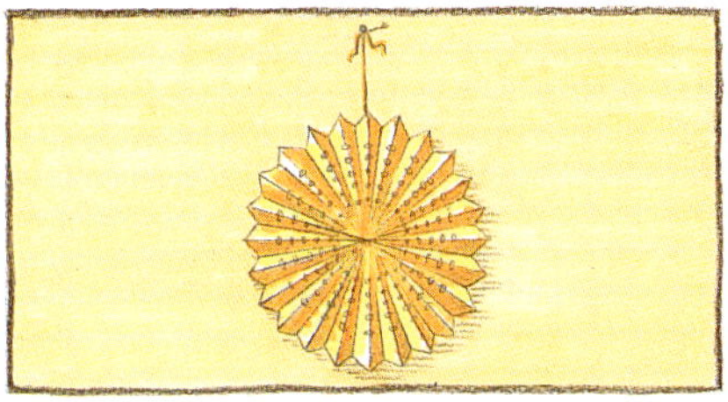

Gestickte Bilder

Dieses Weihnachtsbild hat Jonas selbst entworfen und auch selbst gestickt. Das fertige Bild hat er auf einen Karton und den Karton dann auf eine Schachtel geklebt. Diese schenkte er als Weihnachtsüberraschung seiner staunenden Patentante.

Material:
- Stoff, am besten geeignet ist Stramin
- Stickgarn in verschiedenen Farben
- Nadel
- kariertes Blatt Papier
- Buntstifte
- Karton, Schachtel
- Schere

Gestickte Bilder

1. Ein Bild entwerfen und farbig ausmalen, dabei einfache Motive auswählen.

2. Den Entwurf mit kleinen Kreuzen auf kariertes Papier übertragen. Die Kreuze gleich mit der richtigen Farbe einzeichnen.

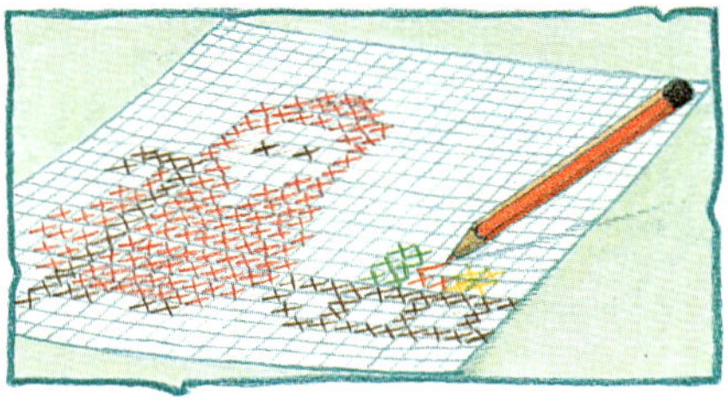

3. Das Bild mit dünnen Bleistiftlinien auf den Stoff übertragen.

4. Das Bild mit Kreuzstichen von unten nach oben sticken.

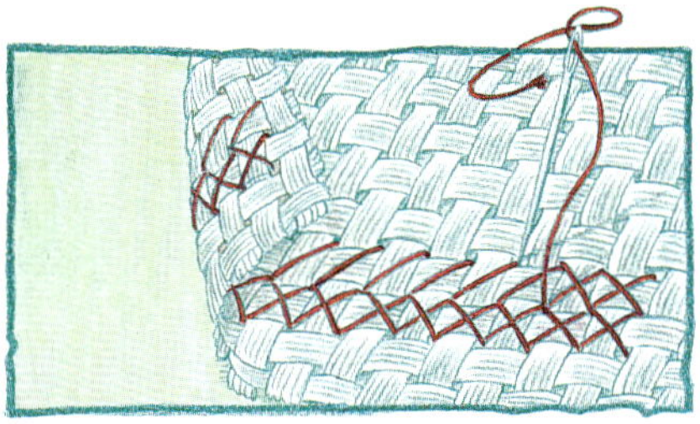

5. Nikolaus: Zuerst den Mantel (rotes Garn), dann das Gesicht (hellrosa), die Haare und den Bart (weiß), dann die Augen und den Stock (braun) sticken.

6. Schlitten: Zuerst den Schlitten (braun), danach die bunten Päckchen sticken.

Weihnachtsgrüße

So eine Überraschung! Kaum öffnet man die Weihnachtsgrußkarte, da klappt vor der Nase ein Weihnachtszimmer mit einem geschmückten Weihnachtsbaum auf oder ein Haus in sternenklarer Winternacht. Diese Karten können sogar als Weihnachtsschmuck aufgestellt werden.

Material:

- Kartonpapier
- Malstifte
- Schere
- Klebstoff

1. Zimmer mit Tannenbaum:
Zuerst den Hintergrund der Karte malen und die Karte dann in der Mitte falten. Unten eine Ecke wegschneiden und eine Klebelasche einschneiden. Das Zimmer im Mittelfalz knicken und den Boden mit der Klebelasche festkleben.
Den Weihnachtsbaum zweimal aus Kartonpapier ausschneiden, bemalen und einen Baum oben,
den anderen unten einschneiden, sodass sie ineinander gesteckt werden können. Den unteren Rand des Baumes jeweils umknicken und genau auf das gekennzeichnete Mittelkreuz kleben.
Beim Zuklappen der Karte den Boden vorne nach oben klappen, der Baum wird geichzeitig zusammengefaltet.

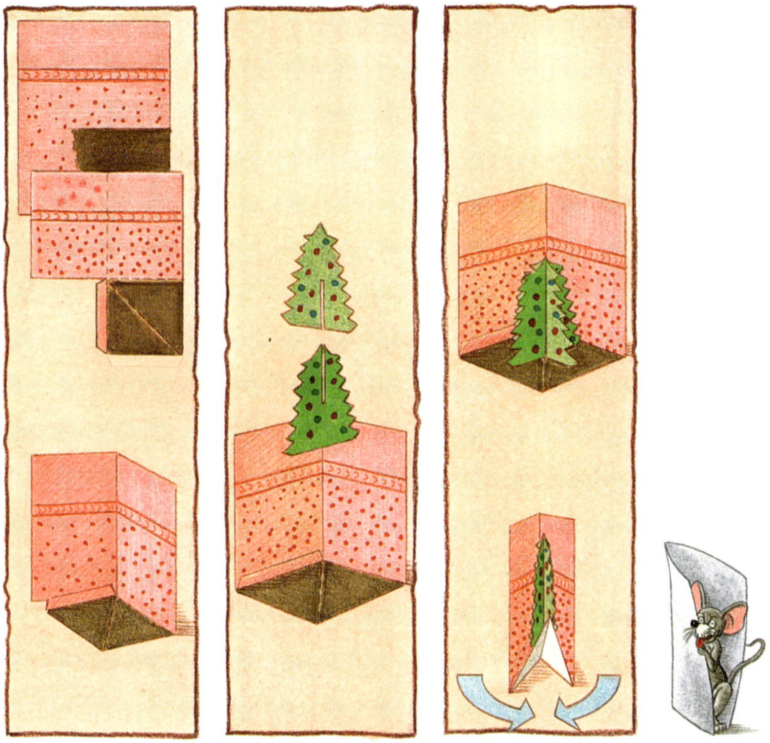

2. Haus: Zuerst den Hintergrund der Karte malen und die Karte in der Mitte falten. Einen passenden Steg zuschneiden, in der Mitte falten und an den Seiten festkleben. Ein Haus in passender Breite auf Kartonpapier malen, Klebelaschen nicht vergessen, und ausschneiden. Das Haus in der Mitte falten, die Klebelaschen nach hinten knicken und an den Seitenwänden festkleben, und zwar genau auf den Mittellinien, sodass das Haus hinter dem Steg bleibt. Beim Schließen der Karte wird der Steg nach oben geschoben, dabei klappt das Haus im Mittelfalz zusammen.

Weihnachtskarte als Fensterbild

Das ist eine ganz besondere Weihnachtskarte, die Bastian hier konstruiert hat. Zuerst klappt man die Fensterläden an der Karte auf, zieht die Doppelkarte auseinander und steckt sie wie eine Schachtel zusammen. Doch erst wenn Licht durch das Fenster fällt, erkennt man, was „draußen“ zu sehen ist.

Material:

- weißer Fotokarton
- schwarzes und rotes Tonpapier
- Pergamentpapier
- Stecknadel
- Schere
- Klebstoff
- Briefumschlag

Weihnachtskarte als Fensterbild

1. Aus weißem Fotokarton einen Fensterrahmen mit Klappläden ausschneiden. Aus schwarzem Tonpapier den gleichen Rahmen mit den dazugehörigen Seitenwänden und Klebelaschen zuschneiden.

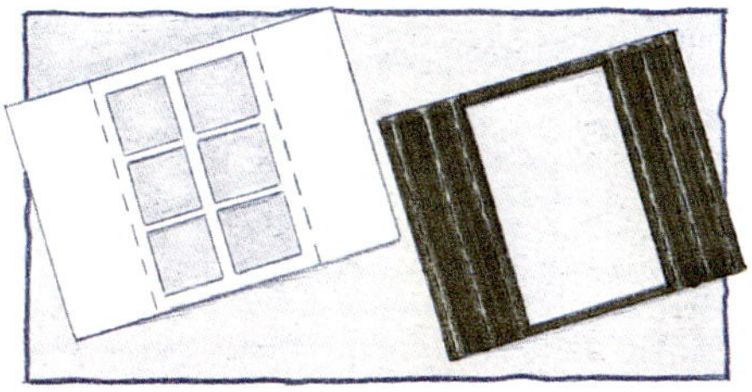

2. Ein Klappdach aus rotem Tonpapier und eine Bodenklappe aus schwarzem Tonpapier ausschneiden, Steck- und Klebelaschen nicht vergessen.

3. Bei der Bodenklappe wird auf die Lasche ein Panoramabild gezeichnet und ausgeschnitten.

4. Blaues Pergamentpapier zuschneiden. Den Kometen herausschneiden und mit gelben und roten Pergamentpapierstreifen hinterkleben. Mit einer Stecknadel Löcher einstechen, sie leuchten dann wie Sterne.

5. Das Bild auf den schwarzen Rahmen und diesen auf den weißen Fensterrahmen kleben.

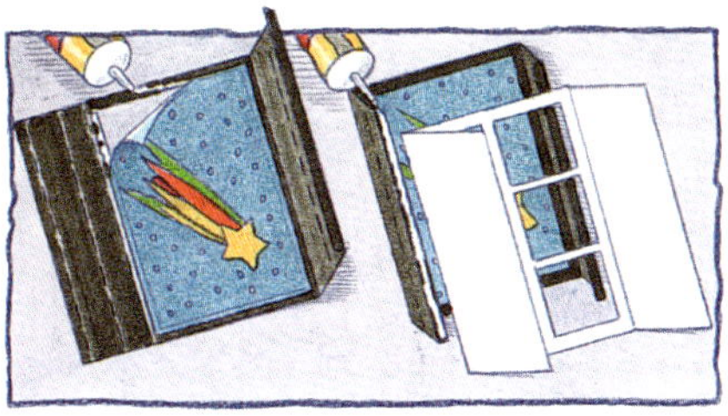

6. Dach und „Panoramaboden" knicken und ankleben. Das Fensterbild wie eine Schachtel zusammenstecken.

7. Beim Zusammenklappen zuerst Dach und Panoramabild herausziehen, dann die Seitenwände am Mittelknick nach innen falten, ebenso Dach und Bodenteil, und die Fensterläden schließen.

Geschenkschachteln aus Papier

Papierschachteln selbst gemacht, nur geschnitten und gefaltet, ganz ohne zu kleben – das ist eine alte Papierfaltkunst, beinahe schon vergessen und doch so einfach! Mal ist es ein Schatzkästchen mit glitzerndem Schneekristall, mal eine Wunderschachtel, bei der eine Schachtel in der anderen steckt.

Material:

- Fotokarton
- Schere
- Papier
- Leim
- Pinsel
- Glimmer

Geschenkschachteln aus Papier

1. Tonpapier quadratisch zuschneiden. Ein Diagonalkreuz falten, wieder öffnen, dann alle vier Ecken zum Mittelpunkt falten.

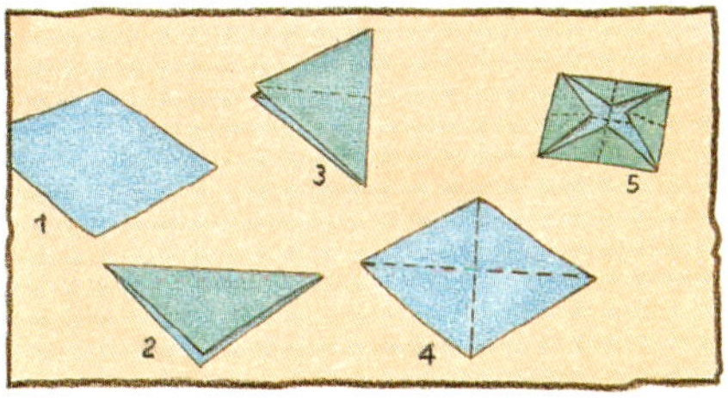

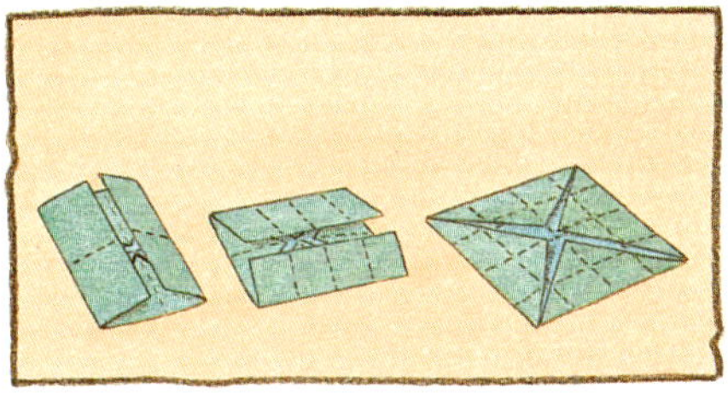

3. Zwei gegenüberliegende Ecken entlang der Falzlinien einschneiden.

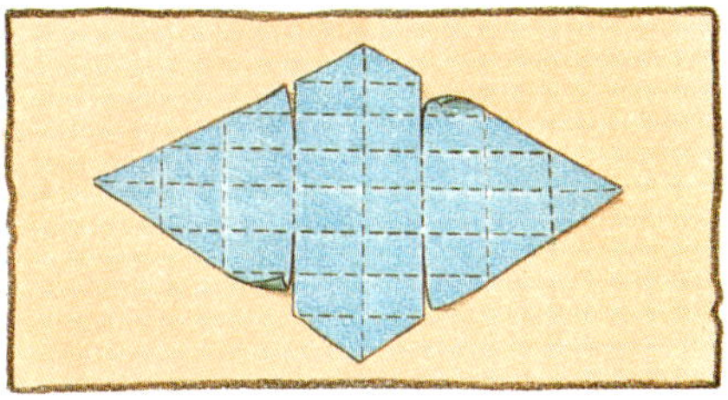

2. Alle vier neuen Seiten einzeln zur Mitte falten und wieder zurückklappen.

4. Die beiden anderen Ecken zur Mitte falten, einen Rand hochstellen. Die spitzen Zipfel rechts und links nach innen knicken und als Schachtelrand hintereinander stellen.

5. Die beiden anderen Ecken hochknicken und über den Rand nach innen falten. Die Ecken in die Mitte der Schachtel legen, sodass zum Schluss alle vier Ecken aufeinander stoßen.

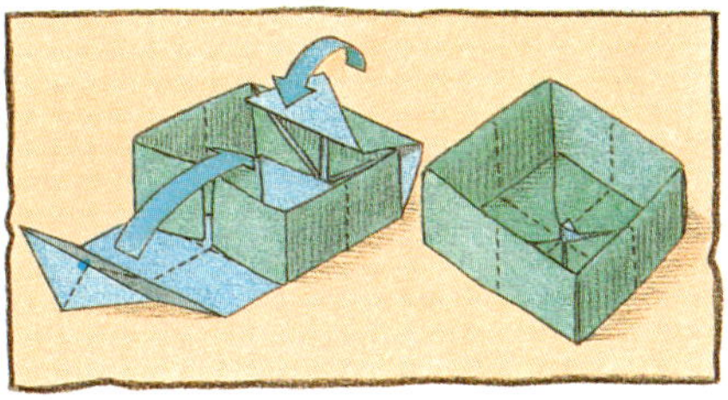

6. Für den Schachtelboden muss das Faltblatt 1 cm kleiner sein, damit der Boden auch in den Schachteldeckel passt. Auf diese Weise kann man viele immer kleiner werdende „Wunderschachteln" falten, die alle ineinander passen.

7. So kommt der glitzernde Schneekristall auf den Schachteldeckel: Ein Faltschnittdeckchen als Schablone auf den Deckel legen, mit Leim überstreichen und auf die Klebestellen Glimmer streuen.

Weihnachtsteller

Ein Teller, extra für Weihnachten, mit himmelblauem Papierdekor und leuchtend gelben Sternchen. Jeden Tag liegt etwas anderes darauf. Mal sind es Nüsse und Mandarinen, mal Lebkuchen und Weihnachtsplätzchen – und manchmal sogar ein Überraschungspäckchen.

Material:

- Teller
- Kleister
- Pinsel
- Schreibpapier
- Geschenkpapier
- Goldpapier
- Klarlack (Umweltzeichen beachten!)

Weihnachtsteller

1. Einen Teller mit Salatöl bestreichen, damit später der Papierteller leicht wieder abgelöst werden kann.

2. Kleister mit Wasser anrühren. Kleisterpulver gibt es in Bastel- und Schreibwarenläden.

3. Schreibpapier in Stücke reißen, mit Kleister bestreichen und auf dem Teller festdrücken.

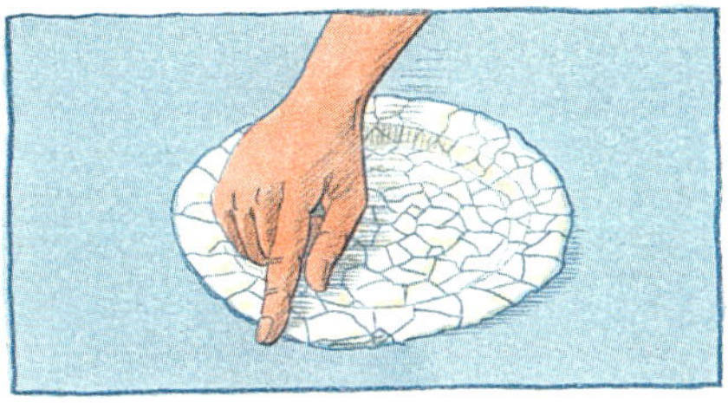

4. Fünf bis sechs Papierschichten übereinander kleistern. Achtung: Nur bis zum Tellerrand kleben, nicht um den Rand legen, sonst kann man den Kleisterpapierteller nicht mehr ablösen.

5. Für die letzte Schicht schönes Papier nehmen, zum Beispiel Seidenpapier, Geschenkpapier oder selbst bemaltes Buntpapier. Auch ein paar Goldsterne aufkleben.

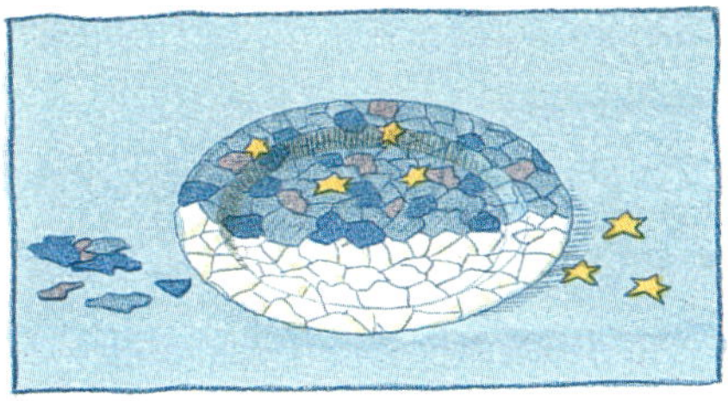

6. Mindestens drei Tage trocknen lassen.

7. Papierteller aus der Form lösen und mit Klarlack zwei- bis dreimal bestreichen. So bleibt der Teller fest und weicht bei Zuckerkringeln und Lebkuchen nicht auf.

Vergoldeter Naturschmuck

Beim nächsten Spaziergang sollten die Kinder Bäume und Büsche einmal genauer betrachten. Dort sind nämlich ganz besondere Schmuckstücke zu finden! Ob rund, lang, eckig, glatt, stachelig oder gebogen – mit Goldfarbe verziert wird daraus der schönste Christbaumschmuck.

Material:
- Blätter, Früchte
- Zapfen, Zweige
- Goldfarbe
- Pinsel
- Basteldraht

Vergoldeter Naturschmuck

1. Die Früchte und Blätter werden mit goldener Plakafarbe angemalt; dabei mit einem Borstenpinsel großzügig über Flächen, Spitzen und Kanten pinseln und ab und zu eine Fläche frei lassen.
Dann die Farbe trocknen lassen.
Zum Aufhängen einen dünnen Basteldraht befestigen.

2. Das alles kann man als Christbaumschmuck sammeln:
Bucheckern
Kastanien, Eicheln und Eichelbecher
Tannenzapfen
Kiefernzapfen
Haselnuss in der Schale
Ahornfrüchte
Esskastanien in der stacheligen Schale
Buchsbaumzweig
Stechpalmenzweig

Geschenkpapier selbst gemacht

Wer hat denn da auf dem Papier seine Spuren hinterlassen? Das waren Bär, Hase, Rabe und der Nikolaus. Und jetzt ist daraus ein Geschenkpapier geworden. Wem es gefällt, der kann es auch als Poster an die Wand hängen. Oder ist der bunte Sternenhimmel oder die lustige Schneemann-Parade besser dafür geeignet?

Material:

- Packpapier
- Tonpapier
- Plakafarbe
- Pinsel
- Zahnbürste
- Kartonstreifen
- Stempel aus: Kartoffeln, Weinkorken und Karton
- Messer und Schere

Geschenkpapier selbst gemacht

1. Spuren im Schnee: Zahnbürste in weiße Farbe tunken und über die Kante eines Kartonstreifens ziehen, dabei spritzt die Farbe auf das Packpapier. Dann Kartoffelstempel zuschneiden für die Spuren von Bär, Hase, Rabe und die Fußstapfen von Nikolaus. Auf die Kartoffelstempel Farbe aufpinseln und die „Spuren im Schnee" stempeln.

2. Weihnachtssterne: Mit einem dicken Pinsel auf Packpapier breite, bunte Streifen aufmalen und die Farbe gut trocknen lassen. In der Zwischenzeit aus Karton verschieden große Sterne ausschneiden, die als Schablonen dienen. Sie werden einzeln auf das bemalte Packpapier gelegt und mit weißer Farbe überpinselt. Dann die Schablonen abheben, an eine andere Stelle legen und wieder übermalen.

3. Schneemänner: Mit Korkenstempel und weißer Farbe viele Schneemänner auf Tonpapier stempeln. Dann Kartoffelstempel für Hut und Nase zuschneiden und gelbe Nasen und verschiedenfarbige Hüte stempeln.

Weihnachtspost-Girlande

Wohin mit der Weihnachtspost? Die Karten und Briefe sind viel zu schön, als dass man sie übereinander gestapelt in der Schublade verschwinden lässt. Bei dieser Weihnachtspost-Girlande kommen alle Weihnachtsgrüße zur Geltung und tragen sogar als Zimmerschmuck zur Weihnachtsstimmung bei.

Material:
- Goldband oder goldene Weihnachtsschmuckkette
- Wäscheklammern aus Holz
- goldene Plakafarbe
- Pinsel, Glimmer und Sternchen
- Goldfolie
- Goldfaden
- Nadel

Weihnachtspost-Girlande

1. Wäscheklammern aus Holz mit goldener Plakafarbe anmalen. Wer will, kann zusätzlich Glimmer und Sternchen aufkleben.

2. Sterne, Herzen und kleine Tannenbäume aus Goldfolie ausschneiden und an Goldfäden aufhängen.

3. Goldband oder Weihnachtskette im Zimmer aufspannen und die Weihnachtspost mit den vergoldeten Klammern befestigen. Der Goldfolienschmuck wird zwischen den Briefen an die Weihnachtskette geknüpft.

Sternenvorhang

Es sieht aus, als würden Sterne vom Himmel fallen – aber es ist nur der Goldsternenvorhang am Fenster! Die gefalteten Sterne bewegen sich bei jedem Luftzug ein wenig. Dabei blinken sie hell, wenn Sonnenlicht darauf fällt. Und abends spiegelt sich in ihnen das sanfte Licht der Lampe.

Material:

- Goldpapier
- Schere
- Goldband oder Goldfaden
- goldene Klebepunkte

Sternenvorhang

1. Goldpapier in Quadrate schneiden.

2. Ein Quadrat viermal falten, zuerst zweimal in der Mitte, dann zweimal in der Diagonallinie.

3. Eine Sternenzacke abschneiden.

4. Den Stern auseinander falten.

5. Den Goldfaden mit Klebepunkten am Stern festkleben.

6. Mehrere Sterne an einen langen Goldfaden kleben.

7. Mehrere Sternengirlanden dicht nebeneinander an Tür oder Fenster kleben.

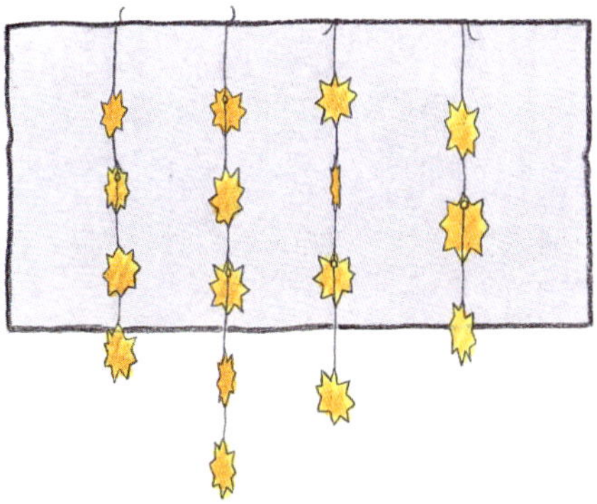

Wir feiern Heiligabend

Christbaumschmuck aus Stroh

Strohsterne gehören seit jeher zum Weihnachtsschmuck. In vielen Ländern gibt es besondere Sitten und Bräuche mit dem „Weihnachsstroh“, das aus der letzten Garbe der Ernte genommen wird. Wir zeigen hier den einfachsten Strohschmuck, den auch ungeübte Bastler anfertigen können.

Material:
- Strohhalme
- Schüssel mit Wasser
- Faden, Kork und Stecknadel
- Goldpapier
- Schere
- Klebstoff

Christbaumschmuck aus Stroh

1. Die Strohhalme zuerst ein paar Stunden in Wasser einweichen, dann herausnehmen und abtropfen lassen. Die Halme einzeln flach drücken oder mit dem Messer aufritzen und flach bügeln.

2. Mit den noch feuchten Halmen weiterarbeiten. Zwei Halme über Kreuz legen, mit einer Stecknadel auf einen Kork festspießen.
Den Faden abwechselnd über und unter den Halmen vorbeiführen und verknoten.

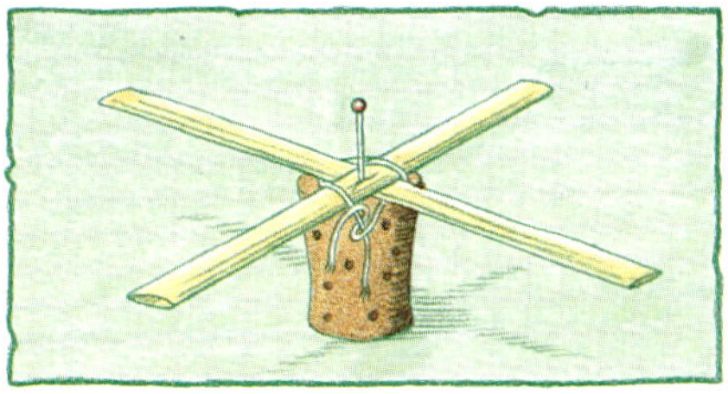

3. Zwei zusammengebundene Strohhalmkreuze übereinander legen, mit der Stecknadel auf dem Kork festklammern und mit einem Faden wieder rundum weben. Schon ist ein einfacher Strohstern fertig.

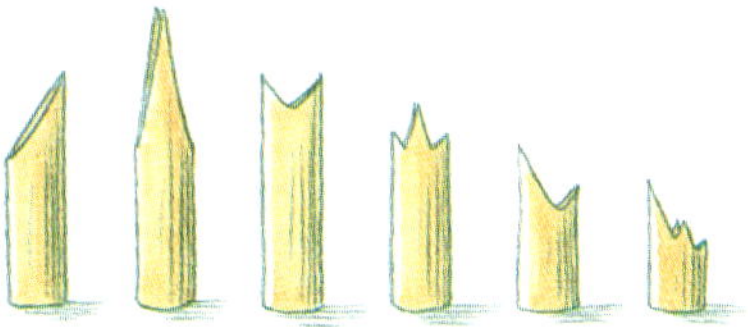

4. Wer einen größeren Strohstern basteln will, kann zwei oder vier einfache Strohsterne aufeinander legen und mit dem Faden um alle Halme rundweben. Schön sehen zugeschnittene Halmspitzen aus.

5. Großer Stern: Halme auf einer Goldpapierscheibe sternförmig anordnen, aufkleben und eine zweite Goldpapierscheibe auf die Mitte kleben.

6. Strohkette: Runde Halme in kleine Stücke schneiden, abwechselnd mit Goldpapierscheiben auffädeln. Strohkugel: Flache Halme zu Ringen zusammenkleben, mehrere Ringe ineinander stecken und festkleben.

Großer Weihnachtsengel

Der große Weihnachtsengel lächelt, denn er wird an Heiligabend den Ehrenplatz auf der Spitze des Christbaums einnehmen. Doch vorerst wartet er gespannt darauf, dass jemand das Geschenkpäckchen entdeckt, das unter seinem Spitzenkleid versteckt ist.

Material:

- weißer Karton-Tortenboden
- weiße und goldene Tortenspitze
- Wattekugeln
- gelbe Wolle
- Ringelband
- Goldstern
- durchsichtige Geschenkfolie
- Schere, Klebstoff

Großer Weihnachtsengel

1. Weißen Karton-Tortenboden in einen Halbkreis und zwei Viertelkreise zerschneiden.

2. Den Halbkreis zu einem Kegel zusammenkleben, ein Spitzenkleid aus weißer Tortenspitze darüber kleben.

3. Aus den Viertelkreisen zwei spitze Kegel kleben, oben abschneiden, mit Tortenspitze bekleben, als Arme an das Kleid kleben und Wattekugeln als Hände innen ankleben.

4. Eine goldene Tortenspitze als Kragen und eine Wattekugel als Kopf aufsetzen und ankleben.

5. Ein Engelgesicht aufmalen, gelbe Wollhaare aufkleben und als Haarband ein Ringelband mit einem goldenen Stern umbinden.

6. Die Engelsflügel sind durchsichtige Geschenkfolienstreifen. Sie werden in der Mitte zusammengerafft und mit Klebeband am Rücken befestigt.

Weihnachtspost

So eine Überaschung! Kaum öffnet man den gelben Mond, purzelt der Nikolaus heraus. Wer in die blaue Karte schaut, dem wird ein Ständchen vorgespielt, und wenn der Engel seinen lila Mantel öffnet, funkelt ein goldener Stern auf seiner Brust. Jetzt muss man nur noch Weihnachtsgrüße dazuschreiben.

Material:
- Fotokarton
- Tortenspitze
- Goldpapier
- Buntstifte
- Federn, Engelshaar
- Watte
- Filz
- Garn
- Geschenkband
- Schere
- Klebstoff

Weihnachtspost

1. Engel: Mantel, Kopf, Hände, Beine und Schuhe auf Fotokarton zeichnen und ausschneiden. Das Kleid aus Tortenspitze ausschneiden; alle Teile zusammenkleben.

2. Ein Gesicht aufmalen, Haare aus Federn, Goldstern und Geschenkbandschleife aufkleben. Als Klappkarte verschickt, hält der Engel seinen Mantel zu.

3. Musizierender Engel: Der kleine Engel wird aus Buntpapier ausgeschnitten, auf eine Fotokartonkarte aufgeklebt, das Gesicht aufgemalt und die Engelshaare dazugeklebt.

4. Eine Goldpapier-Ziehharmonika und Watteschneeflocken aufkleben. Zwei Löcher für das Goldband vorstanzen. Beim Zuklappen werden die Ziehharmonika zusammengefaltet und das Goldband verknotet.

5. Nikolaus: Auf Fotokarton Mond, Wolke und Nikolausfigur malen, ausschneiden und mit Filz bekleben. Das Gesicht aufmalen und einen Wattebart ankleben.

6. Durch Hände und Mondgesicht ein Garn fädeln und verknoten. Der Nikolaus wird im zusammengeklappten Mond versteckt – und purzelt beim Öffnen wieder heraus.

Goldenes Sternenbäumchen

Dieses Sternenbäumchen glitzert und funkelt mit seinen Sternenblättern und Perlenfrüchten. Es stammt direkt aus dem Weihnachtsmärchenland. Schnee und Kälte können ihm nichts anhaben. Sein Wunschtraum ist, einen festlich geschmückten Weihnachtstisch zu zieren und mit Kerzenlicht beleuchtet zu werden.

Material:

- Silber- oder Messingdraht
- Zange zum Abknipsen der Drähte
- Perlen in Gold und Silber, Sternpailletten, etwa 40 Stück
- flacher Stein
- goldene Plakafarbe
- Glimmer und Glitzersternchen

Goldenes Sternenbäumchen

1. Etwa 70 Basteldrähte ungefähr 30 cm lang zuschneiden.

2. Eine Perle mit dem Draht auffädeln, den Draht zu einer Schlaufe biegen, die Perle in diese Schlaufe schieben und die Schlaufe verdrillen. So sitzt die Perle fest.

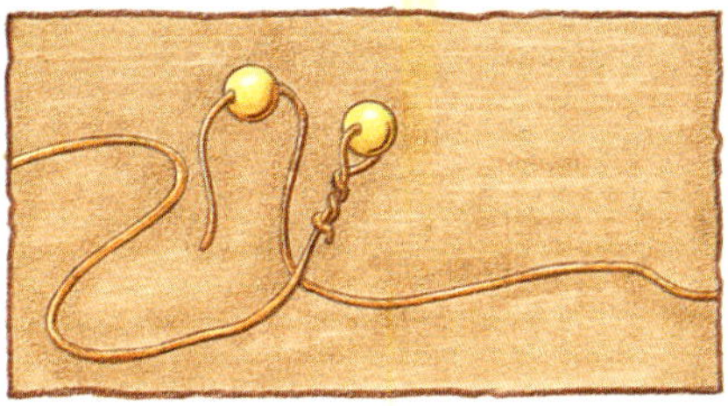

3. Auf diese Weise alle Drähte mit Perlen oder Sternchen schmücken.

4. Jeweils zwei oder drei Drähte miteinander zu Zweigen verdrillen, bei den Sternchen jeweils eine Perle dazu auffädeln.

5. Als Nächstes jeweils drei oder vier Zweige miteinander zu Ästen verdrillen. Alle Äste zu einem Baumstamm winden. Am Stamm unten die Drähte wieder einzeln herauslösen und als Wurzeln auseinander biegen.

6. Die Wurzeln um einen Stein biegen oder aufkleben. Den Stein mit goldener Plakafarbe anmalen und auf die noch feuchte Farbe Glimmer und kleine Sternchen streuen.

Weihnachtsschmuck aus Goldpapier

Gold war und ist für die Menschen immer etwas Besonderes. Gold brachten auch die Heiligen Drei Könige, und Goldsterne gehören seit jeher zum festlich geschmückten Christbaum. Hier sind die klassischen Formen des goldenen Weihnachtsschmucks zusammengestellt.

Material:

- Goldfolie
- Schere
- Klebstoff
- Faden

Weihnachtsschmuck aus Goldpapier

1. Glockenkette (auf dem Foto nicht abgebildet): Halbkreise zu spitzen Kegeln kleben. An den Faden zuerst eine Perle knüpfen, dann die „Glocke" auffädeln. Auf diese Weise mehrere Glocken hintereinander aufziehen.

2. Einfacher Stern: Fünf Streifen trapezförmig zuschneiden, im Zickzack falten, in der Mitte knicken, als Stern anordnen und die Seiten aneinander kleben.

3. Goldkugel: Drei Scheiben ausschneiden und wie auf der Zeichnung einschneiden. Scheibe 1 zusammenlegen, in Scheibe 2 stecken und wieder auseinander falten.

4. Dann beide Scheiben flach zusammenklappen, leicht einrollen, in Scheibe 3 schieben und die Scheiben 1 und 2 wieder auseinander falten.

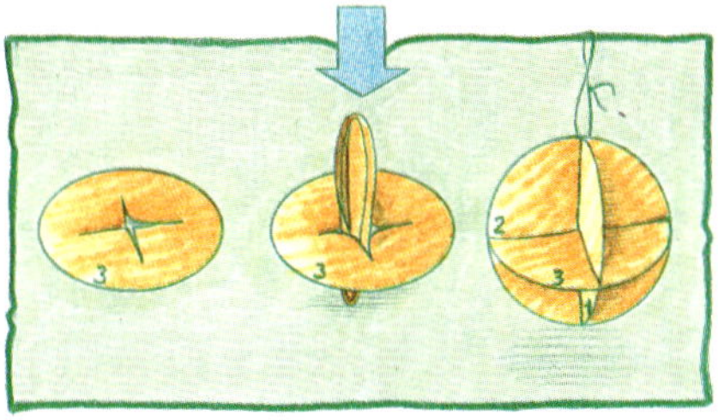

5. Doppelstern: Goldfolie quadratisch zuschneiden, ein Mittelkreuz und ein Diagonalkreuz falten, das Blatt wieder öffnen und entlang der Mittelkreuzlinien zur Hälfte einschneiden.

6. Sternspitzen zusammenkleben, dabei die beiden Seitenteile bis zum Falz übereinander legen und festkleben. Jeweils zwei Sterne mit der flachen Seite aufeinander kleben, sodass die Spitzen auf Lücke stehen.

Hirt und Schafe

Der Hirt hat sich warm angezogen und zieht mit seinen Schafen über den Schnee. Wohin? Zuerst wird er am Fensterbrett entlangwandern, dann am Adventskranz vorbeiziehen, und an Heiligabend wird er sein Ziel erreicht haben – dann steht er mit seinen Schafen vor der Weihnachtskrippe.

Material:

- weiße und braune Naturwolle
- Filz
- Tonpapier
- Schere
- Klebstoff
- Faden
- Nadel

Hirt und Schafe

1. Hirt: Der Kopf ist ein locker zusammengerolltes weißes Wollknäuel, Haare und Bart werden aus dunkler Wolle zurechtgezupft und angeklebt. Die runde Filzkappe wird mit Faden zusammengerafft.

2. Das Gewand wird aus Filz zugeschnitten, zu einer Rolle zusammengeklebt und mit Wolle ausgestopft.

3. Jetzt kann der Kopf aufgeklebt werden. Der Mantel, aus Filz zugeschnitten, wird an den Schultern festgeklebt.

4. Schaf: Der Körper ist ein locker geknäuelter Wolleball. Die Schnauze und zwei Ohren werden aus Tonpapier ausgeschnitten und in die Wolle geklebt.

5. Die Beine werden aus einem quadratisch geschnittenen Tonpapier zweimal längs gefaltet, in den Wollkörper gesteckt und festgeklebt.

6. Zum Schluss bekommt das Schaf einen kleinen Papierschwanz angeklebt, sein Fell wird dann in Form gezupft.

Christbaumkugeln aus Papier

In früheren Zeiten wurden rote Äpfel als Christbaumschmuck aufgehängt, später hat man diese sogar vergoldet. Schließlich ersetzte man sie durch goldbemalte Lehmkugeln – und heute schmückt man den Baum mit schillernden Glaskugeln. Eine ganz neue Idee sind diese selbst gemachten, unzerbrechlichen bunten Papierkugeln.

Material:

- Zeitungspapier
- weißes Schreibpapier
- Seidenpapier
- Buntpapier oder Goldpapier
- Kleister, Pinsel
- Nadel, Faden
- Glimmer, Sternchen

Christbaumkugeln aus Papier

1. Zeitungspapierknäuel zu einer festen Kugel zusammendrücken. Wenn das Papier wieder aufspringt, das Knäuel zusätzlich mit einem Faden umwickeln.

2. Weißes Papier in kleine Stücke reißen, mit Kleister bestreichen und rundum auf die Kugel kleben. Zwei oder drei Schichten aufkleben.

3. Mit einer langen, spitzen Nadel einen Faden durch die Kugel ziehen und zur Schlaufe binden.

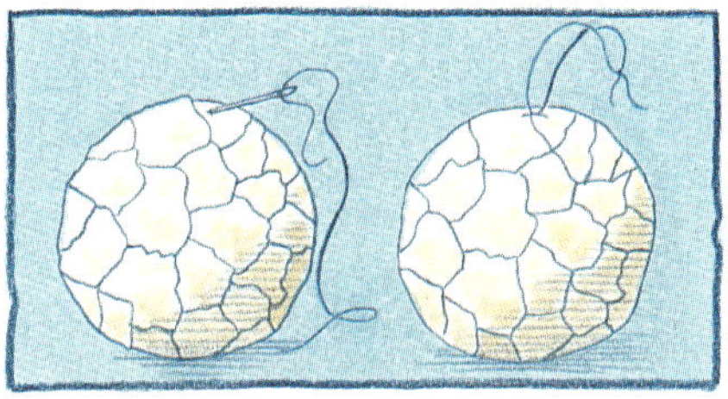

4. Für die letzte Schicht Seidenpapier, Buntpapier oder Goldpapier in Stückchen reißen, einkleistern und auf die Kugel kleben. Gut trocknen lassen.

5. Die Kugel an mehreren Stellen mit Kleister betupfen und Glimmer oder Sternchen darauf streuen.

Alte Glaskugeln im neuen Glanz

Die Omi kann sich von ihren einzelnen alten Christbaumkugeln nicht trennen. Es sind für sie Erinnerungen an frühere Weihnachtsfeste. Da haben die Enkelkinder eine Idee: Sie verzieren die so in Ehren gehaltenen Einzelstücke mit Bändern und Schleifen. Jetzt sehen sie wunderschön aus, wie in alten Zeiten.

Material:

- Geschenkbänder in verschiedenen Breiten und Farben und aus unterschiedlichen Materialien
- Ringelbänder
- Goldfolienstreifen
- Basteldraht
- Christbaumkugeln

Alte Glaskugeln im neuen Glanz

1. Für die Schleifen wird ein Band mehrfach übereinander gelegt und in der Mitte mit Basteldraht fest zusammengebunden. Danach werden die einzelnen Schlaufen wieder auseinander gezupft.

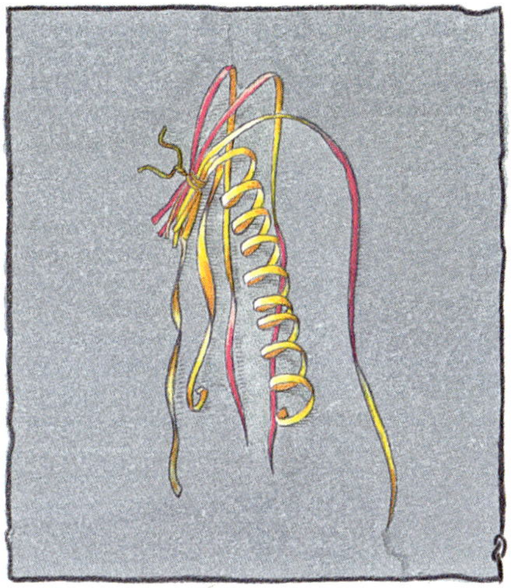

2. Ringelbänder, dünne Goldfolienstreifen und feine Geschenkbänder werden mit Basteldraht zu Büscheln zusammengebunden.

3. Ein Gebinde aus verschiedenen Schleifen und Bändern gestalten und mit Basteldraht zusammenhalten.

4. Jede Glaskugel erhält einen farblich passenden Schleifenschmuck, der mit Basteldraht am Aufhänger befestigt wird.

Goldvögel für den Weihnachtsbaum

Die goldenen Weihnachtsvögel kommen jedes Jahr wieder in das Weihnachtszimmer geflogen und setzen sich auf den Weihnachtsstrauß oder den Christbaum. Sie schwingen bei jedem Luftzug hin und her, wippen dabei mit ihren feinen Schwanzfedern und lassen ihre goldenen Flügel leuchten.

Material:

- Tonpapier
- zweifarbige Bastelfolie
- gelber Filzstift oder goldener Lackstift
- Vogelfedern
- Nadel
- Faden
- Schere

Goldvögel für den Weihnachtsbaum

1. Wer will, kann zuerst eine Schablone für die Vögel aus Karton anfertigen. Die Vogelkörper auf Tonpapier zeichnen und ausschneiden. Mit gelbem Filzstift oder goldenem Lackstift Schnabel, Augen und Federkleid aufmalen. In den Rücken einen Schlitz schneiden.

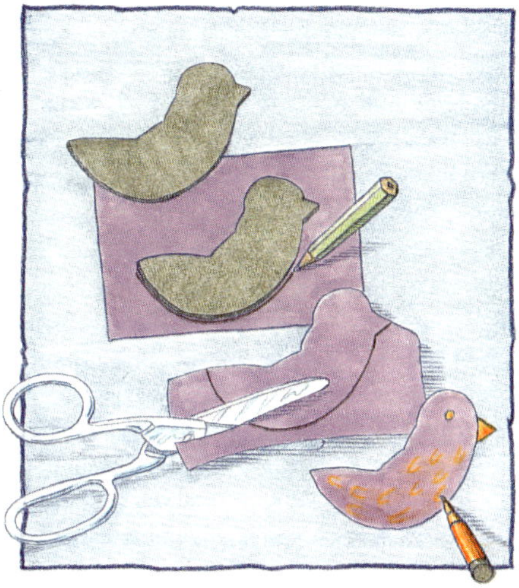

2. Goldfolie quadratisch zuschneiden, im Zickzack zu einem Streifen falten und als Flügel durch den Schlitz schieben.

3. Aus zweifarbiger Bastelfolie Kamm und Füße ausschneiden und aufkleben.

4. Eine Schwanzfeder aufkleben. Die Flügelstreifen nach oben auseinander falten und mit einem Faden zusammenbinden. Den Faden als Aufhänger zur Schlaufe knüpfen.

Landschaft für die Weihnachtskrippe

Im Weihnachtszimmer wirkt jede Nische geheimnisvoll. Die Weihnachtskrippe mit Maria und Josef ist hier im alten Wohnzimmerbüfett in einer Naturlandschaft aufgestellt. Beim Aufbau der Krippe half die ganze Familie mit und sammelte schon Tage vorher bei einem Waldspaziergang Rinde, Moos, Zweige und Tannenzapfen.

Material:
- Rindenstücke
- Tannenzapfen
- Naturmaterial aus Garten, Wald und Wiese
- Hülsen und Kapseln von Früchten
- Moos, Steinchen
- als Untergrund eine dunkle Plastikfolie

Landschaft für die Weihnachtskrippe

1. Stall: Rindenstücke zusammenstecken und mit einem Blumendraht festhalten. Großer Baum: Baumwurzel mit einer Efeuranke verzieren, bemooste Zweige und getrocknete Staudenzweige dazwischenstecken; ein Blumendraht hält alles zusammen.

2. Bäume: Tannenzapfen mit Knete auf zugeschnittene Kartonplättchen festdrücken, eventuell auch festkleben. Büsche: Kleine Zweige, abgeschnittene Staudenzweige, Gräser und Kiefernzapfen mit dem Stiel in Knetkugeln drücken, so kann man sie gut aufstellen.

3. Wiese: Verschiedene Moose. Boden: Kleine Zapfen und andere Trockenfrüchte umsäumen den Rand der Landschaft.

Register